Jäger
Schüttelreime

Ute Jäger

Schüttelreime

Schüttelreime machen Lust,
möglich, dass du lachen musst.

Philia Verlag

Bibliographische Information: Diese Publikation ist in der Deutschen Nationalbibliothek verzeichnet. Detaillierte bibliographische Informationen sind im Internet abrufbar unter: www.dnb.de

Schüttelreime

Philia Verlag
Bad Nauheim
(Design, Satz, Korrektur etc.)
www.philia-verlag.de

Druck u. Vertrieb:
BoD, Norderstedt

ISBN: 978-3-9881741-8-1

Der Verfasser des titelgebenden
Schüttelreims ist unbekannt.

Will nicht nur zum Scheine rütteln,
nein, den Vers ganz reine schütteln,
bis der Sinn den Klang bezwingt
und alles doch nach Zwang nicht klingt.

Die Autorin

Ute Jäger, ehemalige Deutschlehrerin aus dem vorigen Jahrhundert, wurde im Jahr 2000 vom Schüttelreim-Fieber ergriffen, das sie seitdem nicht mehr losgelassen hat. Sie lebt in Friedberg (Hessen).

Was sind Schüttelreime?

Beim Reimen geht es in erster Linie um den Klang, nicht um die Schreibweise. Zwei Wörter reimen sich, wenn sie ab dem ersten betonten Vokal gleich klingen wie in: „Schatten - Ratten". Finde ich nun ein weiteres Reimpaar mit denselben Anfangslauten (Konsonanten) vor dem betonten Vokal, z.B. „Reich - Scheich", so kann ich spaßeshalber die vier Wörter kreuzweise verschränken zu: „Schattenreich und Rattenscheich" - und habe damit einen Schüttelreim, der in diesem Falle fast von allein zum Zweizeiler wird, wie in:

> In des Kellers Schattenreich
> herrscht der alte Rattenscheich.

Weil ich aber Geschichten erzählen will und Geschichten Hand und Fuß haben müssen und sich vorwärts bewegen sollen, kommen gelegentlich auch Doppelreime oder einfache Reime vor; außerdem sind die Schüttelreime nicht immer lupenrein.

Die Verse sind meist Knittelverse, d.h. betonte und unbetonte Silben wechseln sich nicht gleichmäßig ab; vielmehr können zwischen den betonten Silben 0 bis 2 unbetonte stehen. Dadurch werden die Verse abwechslungsreicher, sind aber manchmal nicht leicht zu lesen. Trotzdem hoffe ich, dass diejenigen, die Wortspielereien und skurrile Geschichten lieben, ihr Vergnügen haben werden.

Ute Jäger
Friedberg (Hessen), am 1. April 2019

Inhalt

Gerettete Idylle

Es schlummert süß beim Rosenheckchen
Nele mit dem Hosenröckchen;
in ihr Ohr der leise Wind
säuselt seine Weise lind.
Weh! Seht ihr die Schlange hüpfen
und zu Neles Hange schlüpfen?
Nun fehlt uns ein netter Rat,
wie sich hier ein Retter naht,
der ins hohe Heidekraut
einen Stein von Kreide haut,
dass des Steines flache Wucht
Nele zwing in wache Flucht.
Da! Die Schlange fort sich windet
und des Danks ein Wort sich findet,
weil das Kind im Hosenröckchen
heil noch schläft beim Rosenheckchen.

Kinder-Varieté

Auf dem Bildschirm wirres Flimmern
und als Töne flirres Wimmern –
heut ist's aus mit mattem Glotzen.
Doch sieh da! Statt glattem Motzen
machen unsre Kinder eine
tolle Sache, in der keine
Spielgefährten fehlen sollen.
Rosi prunkt mit seelenvollen
Schlagern wie ein Pop-Art-Star.
Danach kommt ein Stop-Art-Paar:
Max, der sich wie Gummi dehnt,
und Fritz, der als ein Dummi gähnt
und prahlt, wie viel er essen kann.
Sie applaudiern der kessen Ann,
die mit grandioser Tellerkür
jongliert vor unsrer Kellertür.
Auf dem Rollbrett reizend springt
die Tina, und – sich spreizend – ringt
mit Stoffgetier der kühne Bert.
Clown Fritz danach die Bühne kehrt,
tut über eig'ne Haxen stolpern,
auf langen Beinen staksen, holpern.

Da lachen alle und klatschen laut,
auch weil er noch Mutters Latschen klaut.
Das Publikum betören ganz
will Sophie durch Pippis „Görentanz",
dann mit dem Fußball schießt sie schlau
den Fritz um, und so schließt die Schau.

Frage beim Klassentreffen:

Wer war's, der stets beim Singen schlief?
Natürlich Christoph Schlingensief!

Zoo-Besuch

Gestern ging's ohne Zank und froh
mit Nora und dem Frank zum Zoo.
„Schon am Eingang Möwen, Leute!"
Die Kinder zog's zur Löwenmeute,
doch herrschte dort ein träger Schlaf,
bis plötzlich sie ein Schläger traf
von nebenan, vom Federspiel.
Wir erzählten's später viel.
„Seht doch, am Baum der Ammer klaffen
Ritze von den Klammeraffen."
Die taten nichts als raufen, hangeln
und endlich ganz im Haufen rangeln.
Kontrast dazu: in fester Norm
die Flamingo-Nesterform.
War's Leergeheg' ein neuer Scherz?
Nein, dort im Eck – ein scheuer Nerz!
Damit wir nicht gebissen würden
(das führt ja zu gewissen Bürden),
war'n die Otter gut verglast.
Trotzdem Gestank? Durch Glut vergast
der Zoo daneben allerhand.
„Bloß weg von dieser Halle Rand!"

Doch selbst hier am Handy-Ding
so ein junger Dandy hing.
Wir suchten uns den weißen Bär,
der tat, als ob zu beißen wär
ein Stein. Und weiter rechts: Im Heue Näschen
Esel, Zicklein, neue Häschen!
Am Allerschönsten war dabei
die Kinderhändestreichelei.

Gespräch im Zoo-Aquarium:

„Warum ist dieser Hai erschlafft?"
„Das ist auch mir ganz schleierhaft.
Er war doch so ein braver Hai
und fraß am liebsten Haferbrei."

Kleine Gruselei

(Nicht nur geschüttelt, denn bei diesem Thema
wird man sowieso geschüttelt.)

Von den Toten eine Mahnung
schlich sich leis in meine Ahnung:
dass die Familien-Ruhestätte
gar nicht ihre Ruhe hätte;
nächtlich man am Gruftort schabe,
unerkannt ein Schuft dort grabe.
So beschloss ich, mal zu wachen,
hatt' auch eine Wahl zu machen,
dass ich's tät mit einem Mann,
und ich fragt' bei meinem an.
Der stellt klar, dass nit er macht
solche Ding' um Mitternacht,
sprach noch: „Ich fänd's bedauerlich,
wenn du legst auf die Lauer dich."
Ich tat's trotzdem, nachts, zwei nach elf,
und der Kerl kam, ei, nach zwölf.
Durch das Nachtglas ich erschaute
ihn als Nachbarn, und ich traute
mich aus dem Versteck zu wagen,
um ihn nach dem Zweck zu fragen.

Er schwor, einen Grund zu haben,
er wollt seinen Hund begraben,
was eigentlich verboten sei.
Er suche schon der Nächte drei
in die Erd' ein Loch zu bringen.
Heute sollt's ihm doch gelingen,
denn ich half ihm jetzo – und
so begruben wir den Hund.

In die Familien-Dauergruft
zog wieder Fried' und grauer Duft.

Gar manchmal wird der Fußball
ganz unversehns zum Bußfall.

Frust eines Halbwüchsigen in den 50-er Jahren

Ist's Radio laut, dann krieg Verdruss ich,
wegen dieses Fehlers muss ich
an verbalen Hieben leiden,
denn die Alten lieben Haydn.
In meinen Ohren krude: Bach.
Musik aus meiner Bude: Krach
für die Oldies. „Katzenjammer"
heißt ihr Urteil. Jazzen kammer[1)]
selber gar nicht. Sprüche bringen
sie wie „Herz in Brüche springen",
tu ich lange Nächte schloten[2)]
und erringen schlechte Noten.
Was sie in den Schrecken treibt,
ist, wenn Dr. Trekken schreibt:
„Ich muss Ihren Buben rüffeln.
Statt Abraham bis Ruben büffeln,
auf Wissen über Kerner warten,
spielt er mit dem Werner Karten."
Schraub ich an der Seifenkiste,
hör ich sie gleich keifen: „Siehste,

nimmst dir nur zum Spiele Zeit.
Wer auf edle Ziele speit,
aus dem wird nichts. Lass das Ding
und geh lernen, dass geling
deine Prüfung!" Nur nach Tugend jagen
soll ich in den Jugendtagen.
Nicht in Staats-Klamotten räkeln
oder an Marotten mäkeln
der Familie. Ach, zum Teufel
mit dem Ganzen! Ohne Zweifel
möcht ich mich durch Flucht entziehn
und der ew'gen Zucht entfliehn.
Wovon sollt ich aber leben?
???
– ertrag ich das Gelaber eben …

[1] umgangssprachliche Verschleifung von „kann man"
[2] rauchen

Ferienfreuden

1

Kuppen sanft statt roher Höh'n
finden sich in Hoher Rhön,
Urlaub dort mit Wagen lohnt,
weil man in schönen Lagen wohnt.
Vater tut auf richt'ge Weise
planen diese wicht'ge Reise:
ihr Verlauf sei kund uns, hoff' er,
zählend Kinder, Hund und Koffer.
Mutter sorgt auf feine Art
für uns alle. Eine Fahrt
mit dem Auto, die kann dauern!
Lies' und Jonas müd dann kauern,
nur Mona in die Lande schaut.
Vater nennt's 'ne Schande laut,
dass es gibt viel Wegbaustellen.
Hündchen will den Stau wegbellen,
Mutter teilt aus Schokolade.
Jonas sucht die Lok – oh, schade –
dumm war's, sie zuhaus' zu lassen.
Hund beginnt, 'ne Laus zu hassen

und zerkratzt sich. Wagen schleicht.
Der Frust mit einem Schlag entweicht,
als sich zwar nicht die Stockung löst,
doch Vater auf eine Verlockung stößt:
er sieht der Landschaft weiten Segen
und fährt jetzt auf Seitenwegen.
Das Dörflein, dem wir zugeneigt,
hat sich uns dann im Nu gezeigt.

Ferienfreuden

2

Wie aus einem Fass er walle,
sagt man von dem Wasserfalle,
den wir heut besehen wollen.
Sanfte Lüftchen wehen sollen,
dass es uns nicht werde heiß.
Hütend seine Herde weiß,
grüßt ein Hirt. Beim Schäferkarren
sehn im Sand wir Käfer scharren
und drüben vorm Verhaue grasen
stillvergnügt zwei graue Hasen.
Von der leicht gewellten Halde
bis zum kaum erhellten Walde,
wo Tannen tragen steile Zapfen,
lässt sich's nur in Zeile stapfen.
Was mag sich dort im Reisig zeigen?
„Es ist", lacht Mutter, „Zeisigreigen!"
Und der Grund erscheine klar,
dieser Vögel kleine Schar
zanke sich um neue Samen,
von dem – „Seht hier!" – schon Säue nahmen.

Wasser unsre Nacken jetzt
und dann unsre Jacken netzt:
uns erwischt ein satter Regen,
bei sich hat er ‚Rattersegen',
nämlich Donner. Jonas mault
und das Hündchen Monas jault.
„Ach, du musst nicht greinen, Kind,
hiervon kriegst du keinen Grind!",
Vater sagt. Wie krasser Wahn
strömt's aus des Himmels Wasserkran.
Ausflugsziel kein bisschen lockt,
weil nun auch das Lieschen bockt.
Kalt geduscht nach Haus zu eilen
gilt's, und Folgen auszuheilen.

Ferienfreuden

3

Wo gewiss nicht Flegel siegen,
das ist bei dem Segelfliegen.
Dahin fahr'n wir. Alle hoffen,
dass dort sei die Halle offen,
um zu sehen mehr so Sachen,
die auch Kinder sehr froh machen.
Wirklich steht auf weichen Rollen
das Ding, das wir erreichen wollen:
statt aus Blech 'ne Bretternummer,
aber sonst ein netter Brummer.
„Lass ab vom Weltgewimmel, Herz,
denn hier strebt alles himmelwärts",
schmunzelt Vater. „Leute, macht
euch auch hinauf!" Die Meute lacht.
Zum Picknick mit Behagen jetzt
gehn alle, doch im Jagen hetzt
unser Hund 'ne helle Ratte
(ihr Nest sie im Gerölle hatte)
über'n Platz, wo Milch und Butter
schon serviert. Der Bilch beißt Mutter

und entwischt. „Schnell ein Pflaster legen,
dann woll'n wir unsre Laster pflegen,
nämlich trinken froh und essen",
scherzt sie tapfer, „oh, und Fressen
kriegt auch Bobby." Mehr zu lachen
und die Teller leer zu machen,
gelingt uns dann in schöner Ruhe.
Zuletzt kauft Vater Rhöner Schuhe,
hölzerne, mit Wappentier.
Müd' hin zum Auto tappen wir,
und weil wir Jonas als Wicht geneckt,
hätt' fast er bei Heimkunft uns nicht geweckt.

Mimi, die Edelkatze, spricht

Meine Herkunft: kleine Rasse,
doch der Stammbaum reine Klasse!
Meiner Verehrer behäbige Schar
hat ja eher schäbige Haar'.
Ich trag als schicken Fummel Pelz,
und keinem dieser Pummel fällt's
je auf. Meines Herrchens leidige Socken,
von mir verhaart durch seidige Locken,
sprechen Bände. Willig bürsten
lass ich mich, mit Billig-Würsten
nicht abspeisen. Köstlich essen
ist mein Begehr, die östlich kessen
Leckereien sind meine Wahl,
nur brauch ich keinen Wein beim Mahl.
Gutes, frisches Wasser reicht.
Die Anmut meiner Rass' erweicht
noch jeden. Viele Hände fassen
an, zu fühlen, wie ich's fände. Hassen
tu ich's. Auf schnellen Pfoten renn ich
davon, keinen roten Pfennig
scher'n mich Wünsche, die Leute hegen.
Lieber will ich heute legen

mich auf Herrchens breiten Schoßplatz,
wenn er ruft: „Wo bleibst du bloß, Schatz?"

In Hamburg ein alter Stauer soff
ein Gläschen flüssigen Sauerstoff.
Er vereiste von innen
und stahl leis sich von hinnen.
Aus dem Glas noch ein Rest von dem
Stoffe troff …

Entwicklung

Zuerst die Eltern litten Frust
wegen der Tochter Frittenlust;
dann lag das Hauptgewicht auf Naschen
und leider gänzlich nicht auf Waschen.
Damals trug die Range Locken,
wollt in den Nächten lange rocken,
tat höchstens mal aus Laune bratschen
und liebte schrecklich braune Latschen,
an Pullis nur verwaschen alte,
der graue Rock ganz aschen wallte.
Nun lässt das Haar sie teuer fönen
und obendrein wie Feuer tönen,
steht plötzlich auf Design-Klamotten,
streicht aber fleißig Bach-Gavotten,
braucht manchmal ein, zwei Stund' im Bad,
hält Vorträg' über'n Bund im Staat,
berechnet fix das Kegelrund,
tut gleich dazu die Regel kund,
lehnt Drogen ab und Zigaretten,
lernt Englisch aus Prärie-Gazetten.

Als Ohrgehäng ein heller Quarz,
Sandal-Geflecht aus Queller; Harz
duftend brennt im kleinen Fasse.
Sie sei von ihrer feinen Klasse
auserwählt, in hehrer Lobby
Sprachrohr sein beim Lehrer; Hobby,
sagt sie, sei es. Jule schätzt
offensichtlich Schule jetzt.

Oh, wie ist der Fritz so schön!
Leider aber schizophren ...

Pechvogel

Erst sind in den öden Schneisen
ohne Fang die schnöden Eisen,
dann, gerade als der Knappe pirscht,
im Schuh die Sohl' aus Pappe knirscht,
die er zuvor noch flugs entlieh'n;
drum kann ihm jetzt der Luchs entflieh'n.
Er möchte sich die Haare raufen –
doch sieht er plötzlich rare Haufen
und folgt beglückt der neuen Spur.
Ach, sie zeugt vom Speien nur!
Die Reste von Gewöll verbürgen,
dass Füchse ohn' Gebell hier würgen.
Sollt er auf sie und Dachse lauern?
's würd länger als auf Lachse dauern;
gar manchen könnt er fett erwischen,
ging er bei diesem Wetter fischen.
Da ist's, als ob beim hohlen Busche
etwas über Bohlen husche,
und der junge Jäger schluckt;
die Hand ihm schon am Schläger juckt.
Oh, griffe er nur flotter ihn –
nun lässt er auch den Otter flieh'n!

So kommt es, dass er heute beim
Jagdzug bringt keine Beute heim.

Ein Mensch beginnt vor Durst zu wanken,
das hat er salz'ger Wurst zu danken.
Drum wird der Heinz ein Brauer, denn er
weiß: Durst ist ein Dauerbrenner.

Fahrt ins Blaue

Für Kärnten und die Steiermark
schwärmt die Trude Meier stark,
und zwecks Reise-Zubereitung
liest sie ganz in Ruhe Zeitung.
'Kursangebot: im Jänner modeln
oder auch – für Männer – jodeln;
dann natürlich fahren Schi
und Almabtrieb – in Scharen Vieh;
Rock-Pop zwischen Jahren fetzt'
– alles nichts, denn fahren jetzt
will Trude. Ohne Weinen, Klagen
braust sie los im kleinen Wagen.
Auf den Feldern fetter Wuchs.
Die Sonne lacht. Der Wetterfuchs
vom TV pries warme Orte!
Trude nennt's nun arme Worte
für die schöne Gegend hier.
Da! Der Magen, hegend Gier,
drängt auf Rast. Zig Meter parkt
sie vorm Dorf, Sankt-Peter-Markt
füllt Gasthöf' und die Gassenmeilen,
an Ständen bunt die Massen geilen.

Wozu alte Literflaschen?
Dann schon lieber Flitterlaschen
für den Fasching. Tauernbücher
interessier'n, auch Bauerntücher.
Halt, da ist ein morsches Fädchen!
Trude denkt als forsches Mädchen:
„Schluss mit dem beknackten Trödel.
Ess ich 'nen vertrackten Knödel?"
Nein, sie macht noch lecker Beute,
denn die netten Bäckerleute
spendieren ihr (wie rar die Geste)
von den Kuchen gar die Reste.
Trude den Geschenken traut,
schnell noch nach Getränken schaut
und genießt in vollen Serien,
weil Freude bringen sollen Ferien.

Selbstgespräch einer Frau, die abnehmen will

Du musst es mal riskieren, Lilo,
und konsequent verlieren Kilo.
Das bedeutet sehr lang Fasten
und bringt schon am Anfang Lasten:
Es heißt, kleinste Mengen essen,
willst du am Kleid nur Engen messen,
Tee allenfalls mit Bitten süßen
und so die Fressersitten büßen.
Tschüss, ihr opulenten Speisen!
(Meine Freunde spenden leisen
Beifall.) Statt der Sahnetorten
Bücher von Fontane; Sorten
frischen Kohls in froher Reihe,
an denen ich mich roh erfreue.
Muss Salz und Pfeffer auch wohl kürzen
und mit Schnittlauch den Kohl würzen.
Während ich an Gurken schabe,
denk ich, Fett ist Schurkengabe.
Drum keinen Käs von Ziegen wählen,
nein, brav die Gramm beim Wiegen zählen!

Üppig darf ich nimmer essen
und die Kehle immer nässen
nur mit Wasser. Deine Schwärme,
Metzger, volle Schweinedärme,
sind verboten. Reis und Flocken
koche ich mit Fleiß und Roggen.
Als Schmankerl ich erkiese Dost
und sag: „Gesund ist diese Kost!"
Lieber würd den Seim ich höhnen,
in mir ist ein heimlich Sehnen
nach Schoko-Eis und bunten Kuchen –
da könnt man mich als Kundin buchen!

Ringelpiez

Ole spielt die Pauke frech,
doch hat er bei der Frauke Pech.
Die meint, er würd für Omas taugen,
macht ihrerseits dem Thomas Augen.
Des Herz tut nur für Gitte beben,
die möchte ihres bitte geben
dem Nordmann-Typ, dem kessen Heiner,
denn ihr gefällt aus Hessen keiner.
Hein sagt, dass er um Hilde werbe,
er schätze halt das Wilde, Herbe.
Sie aber holt zum frischen Tanz
sich von den Männertischen Franz –
und kriegt 'nen Korb. Die brave Inge
ist Franz' Idol – ihr „Ave" bringe
sein dickes Blut zum heitern Wallen!
Inge lässt des weitern hallen
ihrer Stimme vollen Ton
nur für Kurt in tollen Phon;
er würde lieber Eschen fällen
für'n Hausbau mit der feschen Ellen.
So wie zum Licht die Motten flitzen,
fliegt sie auf Kerls mit flotten Mützen

wie Pit und Sam, doch beide hätten
zu gerne bei der Heide Betten,
die ihre Lieb' an Ole wendet –
so dass hier nichts zum Wohle endet.

Erschien der Maus das Wiesel netter,
als sie es traf bei Nieselwetter?
Sie kann es uns nicht sagen mehr
und füllt des Wiesels Magen sehr.

Nächtliches Intermezzo

Götz liegt wach im Himmelbette
und wünscht, dass er 'ne Bimmel hätte,
die läutend einen Diener wecke,
damit der seidnen Wiener Decke
im Bette hier gescheh kein Übel –
was er braucht, das ist ein Kübel.
Ach, er möchte spei'n und zucken,
den Koch des Giftmords zeih'n und spucken!
Rasch entzündet er ein Nachtlicht,
springt aus dem Bett – o Leute, lacht nicht! –
reißt's Fenster auf, und Teil vom Eppich[1)]
wird, was er sonst in Eil vom Teppich
wieder hätt abkehren müssen.
Nun mag's die Pflanze mehren. Küssen
würd er gern in Lust und Freuden
irgendwen, denn Frust und Leiden
sind vorbei. Im Bettenhimmel
träumt Götz froh, er hätt die Bimmel
...

[1)] Efeu

Moritat

Dem Kalle tat in Sachsenhausen
ein Radler in die Haxen sausen,
so dass der Arme kam zu Falle.
Der Kerl war noch infam zu Kalle,
indem er ihm bloß heiter winkte,
als jener kläglich weiterhinkte.
Dass er den Schmerz der Wade banne,
stieg Kalle in die Badewanne.
In warmem Wasser eingeweicht
leert er 'nen Krug, für Wein geeicht –
nur war darin ein feiner Klarer.
Der Kalle dacht noch: „Kleiner Fahrer,
hast beinah einen Mord entfacht
und dich so eilig fortgemacht",
als er schon still im Trog versank
und in des Wassers Sog ertrank.

Merke:
Statt im Bad beim Trinken hocken,
sollst du lieber hinken trocken!

Am Teiche

Still möcht ich am Teiche ruhn,
anschaun nur das reiche Tun
der Natur, ihres Webens leise
Spur sehn in jeder Lebensweise:
in des Wildbachs Tosen, Rauschen
und wenn Verliebte Rosen tauschen …
Ein Schnakenschwarm jetzt sirrend schwenkt
und sich auf mich dann schwirrend senkt.
Insekten wolln bestücken mich
mit so manchem Mückenstich.
Ich spring empor. Um Hilfe schallt
ein Ruf, der laut im Schilfe hallt;
ich seh zwei Buben töricht raufen
und sich dabei im Röhricht taufen.
Noch ehe ich dazwischenfahr',
erscheint ein Mann, der fischen zwar
im Teiche wollt – vor Leide bebend,
holt er sie raus, und beide lebend.
Den Retter hat sein Tun geadelt,
die Jungen bleiben ungetadelt.
Er ihnen ernst zum Guten rät
und dass es ohne Ruten geht:

„Was andres müsst ihr üben, Racker,
geht hacken auf 'nem Rübenacker!"
Ich aber zieh zurück mich gleich
und fühle ganz an Glück mich reich.

Enttäuschung

Sie sah im Abendglanze Tauben
und wollte deren Tanze glauben,
dass die für ihr Begehren hatten
Briefe von dem hehren Gatten.
Doch ach, hinweg im Fluge zogen
sie, die g'rad erst zugeflogen.

Wochenendvergnügen

Trotz anfänglicher Weigerung
geht Max mit zur Versteigerung.
Vor Beginn betrachten wir
den Stich vom gut bewachten Trier.
Ah, und da stehn blasse Gläser,
antik, von einem Klasse-Bläser.
Ein Mann stößt aus 'nen schlauen Pfiff
und ruft begeistert: „Pfauenschliff!"
Aus im Krieg geraubten Stücken
gibt's Bücher mit verstaubten Rücken;
zum Beispiel dort der Linnenband
erzählt was über's Binnenland.
„Sieh her! Wie schön, das kalte Erz
des Leuchters! Nur die alte Kerz'
würd ich lieber lassen tauschen."
Max tut dem Klang von Tassen lauschen:
„Sie sind erste Meißen-Wahl,
schau bloß an die weißen mal!"
Plötzlich streiten wir beiden wild
über ein kleines Weidenbild –

ich find's schade um die Leinwand.
Max entdeckt ein Buch vom Weinland
sowie Karten für Spielväter.
Und die Auktion ist erst viel später!
„Ich mag nicht mehr", keucht er, „laufen."
Aus ist's mit dem Leuchterkaufen.
Max sagt: „So ein Lichterding
taugt höchstens einem Dichterling.
Du aber sollst dich nicht belügen,
nie würde dir sein Licht genügen,
drum lass uns auch nach keinem suchen" –
und lädt mich ein zu seinem Kuchen.

Landstreicherleben

Es muss hier aus dem Stand geschehn:
Ich will meine Schand gestehn,
dass ich voller Reue bin,
weil einer armen Bäuerin
ich der Henne Brut entwandt.
Die Frau, die hat mich wutentbrannt
mit bösen Worten so verflucht,
dass nunmehr jeder Floh versucht,
sich in meine Näh' zu wagen,
und an mir mit Weh zu nagen.
Auch beißen mich armen Schlucker Zecken,
ach, 's Leben ist kein Zuckerschlecken!
Ohne Ruh durchstreich ich Lande,
einsam einst als Leich' ich strande,
weil mich alle Leute hassen.
Doch will ich's Jammern heute lassen,
denn ein von Sonne satter Morgen
zerstreut mein Bündel matter Sorgen.
Ich klau hier aus der Schneise Raps,
den tausch ich um in Reiseschnaps,
verdrück mich durch die Hinterecke
und schlaf dann friedlich in der Hecke.

Brautschau

Der Herr von einem Rittergute,
das hinter hohem Gitter ruhte,
einst unter heil'ge Bäume trat
und um Hochzeitsträume bat,
denn er wollt voll Freud im Maien
eine edle Maid sich freien.
Verstrickt in schöner Bilder Wahn,
ritt er dahin auf wilder Bahn.
Weil's ihm an Straßenmaut gebrach,
kam er zu spät ins Brautgemach.
Er fand es ohne Maid und leer,
das war ihm bitter leid und mehr.
Da nichts ihn, der wollt Liebe haben,
noch konnt nach diesem Hiebe laben,
beschloss der arme Tor, zu fasten
und sich ins Nicht-Sein vorzutasten.
Sein Los ein Mädchen hat geteilt
und ihn durch ihre Tat geheilt.
Sie hat er dann zur Braut gemacht,
und heim (auch ohne Maut) gebracht.
Die Heirat hat ihn nicht gereut,
ihm schmeckt jetzt jed' Gericht erneut.

Brüderlicher Aufklärungsversuch

Klein-Thorsten fragt im Mai nachts: „Wann
kommt eigentlich der Weihnachtsmann?"
Drauf antwortet ihm Sören-Hagen:
„Den Kerl gibt's nur laut Hörensagen.
Auch Ostern ist der Spaß gewendet,
kein Has' hat jemals was gespendet!"
„Hätt Mama denn dabei gelogen?"
„Oh, da wird allerlei gebogen
für Kinder in ein Sonderfach,
als merkten sie nichts von der Sach' –
die soll'n ans Märchenreich noch glauben."
„Den Storch wirst auch du gleich noch rauben?"
Jetzt ändert zagendes Geplänkel
sich fast in plagendes Gezänkel:
„Ach Kleiner, halt den Schnabel nur,
du kamst wie ich mit Nabelschnur!"
Dies Wort tut Thorsten heiß verstörn:
„Dir Schläge auf den Steiß gehörn!
Als wir von Rüben lasen Haufen,
sahn wir im Feld viel Hasen laufen.

Nur muss ich voller Sorg gestehn,
dass ich noch nie 'nen Storch gesehn ..."

Freudig quakt der Enterich:
„Heute geh in Rente ich!"

Trauerspiel

Ach, es war ein trüber Abend,
als sie, die Brücke übertrabend,
langsam zu dem Schlosse ritten.
Auch zogen manche Rosse Schlitten.
Sie brauchten keinen Reiseleiter
und waren sämtlich leise Reiter,
doch taten inn're Stürme toben.
Schneeflocken um die Türme stoben,
wo - nach Wärm im Kreise lechzend -
saßen Raben, leise krächzend.
Nun aus dem Schlosse Narren kamen,
die in ihre Karren nahmen
Taschen, Nacht- und Morgensachen;
kein Gast sich sollte Sorgen machen.
Sie führten auch die Rosse pissen,
wobei sie manche Posse rissen.
Später war zum Scherzen kein
Grund im Saal bei Kerzenschein:
Sie war'n zu schwerem Tun geeilt,
bislang blieb's Erbe ungeteilt.
Manch einer schien den Bann zu ahnen,
denn Streit begann sich anzubahnen.

Man ließ den alten Graf herschleifen
und musste ihn im Schlaf ergreifen.
Er konnt den Zwist nicht schlichten recht,
denn er verstand das Richten schlecht.
Obwohl sie erst zum Dämpfen kamen,
sah man nun plötzlich kämpfen Damen.
Dann klirrten auch der Reiter Waffen,
kein einz'ger konnt sich weiter raffen,
sie wurden all zu blassen Leichen,
mussten vom Mond sich lassen bleichen
und wurden von Dienern gleich beraubt –
was half's, dass sie sich reich geglaubt?
Durch ihren Hass ward niedergebrannt
das Schloss, wo einst sie sich Brüder genannt.

Übertreibung

Fünfmal führte Gunther Ehen,
die letzte ließ ihn untergehen.
Es begann mit trauter Liebe,
verkehrte sich in lauter Triebe,
und als sie wegen Betrugs geflennt,
hat er von Agnes sich flugs getrennt.
Erna liebte flauen Kuchen,
doch er musst stets beim Kauen fluchen;
weil er bei jedem Biss gemurrt,
schalt sie ihn eine Missgeburt.
Drauf sprach zu ihr er voller Kühle,
dass er sich nah am Koller fühle,
dann auf sie ohne Leiden schieße,
wenn sie sich nicht schnell scheiden ließe.
Dolly konnt dank stillen Werken
allmählich ihren Willen stärken,
mocht länger nicht bescheiden sein,
zog Kleider an mit Seidenschein
und tanzte ohne Scheuen nun
mit anderen in neuen Schuh'n.
Ein Unfall raffte sie von hinnen,
und Gunther hat sich – hie von Sinnen –

auf ihrem Grab in Wut gerollt.
Später hat er Ruth gewollt,
die bei 'ner Grippewelle starb,
weshalb er auf der Stelle warb
um Sieglind mit den schönen Händen.
Die tat ihn lang durch Höhnen schänden,
bis er nahm Pillen, um zu sterben;
sie brauchte nur noch stumm zu erben.

Eins steht fest: Das Schikanieren
auf Dauer lässt sich nie kaschieren.

Familientreffen

Heut ist unser Sippentag.
„Und ich möchte tippen", sag
ich leis zu Fannys Mutter:
„Alle stürmen Mannis Futter!"
Manni kocht ganz tollen Fisch
und das sorgt für vollen Tisch.
Grillglut unter Rippchen schürt
Vetter Ernst. Mit Schippchen rührt
Fanny um die Grüne Soß'.
„Morgen ist die Sühne groß",
seufzt die Tante Trina laut
und sie kann mit Lina traut
Opas neusten Tick bequatschen.
Bert will Evi quick betatschen,
doch die ist 'ne zähe junge
Frau, und sie hat 'ne jähe Zunge:
„Tu von meiner Lende Hüften
schleunigst deine Hände lüften!"
faucht sie. Bert nun geckenhaft
durch des Nachbars Hecken gafft.
Daneben auf der Rasenbank
sitzen unsre Basen rank.

Vom Himmel strahlet weiße Hitze;
Onkel Knut macht heiße Witze
über Leute, die nicht da,
und er stellt sich ganz dicht nah
an den Tisch mit Wein und Bier.
Dies bekleckst sein Bein und wir
säubern ihm sehr rasch die Hose.
Bert spielt wieder „Hasch-die-Rose",
diesmal hat er's mit der Fanny.
Doch er ist sehr fit, der Manni,
droht dem Bert, dass der geht stiften,
indes die Tanten noch stet giften.
Auch treiben's die alten Maiden bunter,
denn trinken tun die beiden munter.
„Werdet bloß nicht blauer, Mühmchen!"
warn ich. „Ach, du Mauerblümchen!"
Tante Lina sagt's mit Wonne.
Hinter Bäumen wagt's die Sonne,
einen letzten Strahl zu schicken -
und ich fahr fort, am Schal zu stricken.
Den kriegt statt andrer Gaben Knut,
tut dem bejahrten Knaben gut.
Froh sitzt er zwischen trägsten Neffen
und lädt uns ein zum nächsten Treffen.

Stille Freuden

Nach des Lebens harten Gängen
darf Kunos Herz am Garten hängen.
Er hackt der Erde blanke Krumen
und kümmert sich um kranke Blumen,
denn die Not der bleichen Wicke
lindern keine weichen Blicke.
Beginnen Pflanzen matt zu blühn,
heißt's, sich um Blüt' und Blatt zu mühn.
Vieles wird an denen jünger,
gibt man ihnen jenen Dünger,
der hier nützt, nebst Läuse-Meiden,
und dass sie nicht durch Mäuse leiden.
Dieweil er sieht als Juno Käthen,
so hilft sie gern dem Kuno jäten.
Vor Pflanzbeginn sie rotten Flächen
sauber frei mit flotten Rechen
und schätzen Arten, die - wie Nelken -
sehr robust sind, fast nie welken.
Kuno mäht, macht Heckenschnitt,
füllt auch als Anti-Schnecken-Hit
Bier in manche flache Box.
Käthe setzt am Bache Phlox

und holt vom kleinen Fluss zum gießen
Wasser, bringt's im Guss zum fließen
auf das Land. Den Abend loben
sie zu zweit, sich labend oben
am eignen Obst in trauten Räumen.
Nachts werden sie von Rauten träumen.
Mag ein Gewitter rau ertosen,
sie freu'n sich früh am Tau der Rosen.

Die Geschichte von der Hexe Ada

Besonders gut Gewächse heilen,
die im Bannkreis einer Hexe weilen.
Ada hat einen lauten Raben,
der mag sich nur an Rauten laben,
weil nach diesem Kraut er lechzt
und ohne es noch lauter krächzt.
Sie schimpft: „Halt deinen Geckenschnabel
und nütz ihn mal als Schneckengabel.
Da sie den Duft vom Kraute riechen,
viel Schnegel zu der Raute kriechen.
Du sollst, soviel du magst, verzehren,
weil die sich, wenn du zagst, sehr mehren;
wir dürfen unsrer Pflanzen wegen
weder Schneck noch Wanzen pflegen!
Zum Schluss nimmst du als Speise Rute,
indes ich mich zur Reise spute
und solcherart mein Wesen bilde."
Fort fliegt sie auf dem Besen wilde.
Beim Ritte zu der Echsenheide
schwört sie tausend Hexeneide,
dass man sie nur mit saubern Zehen
künftig werde zaubern sehen.

Schön will sie sein, 'nen Mann erwählen
und sich irgendwann vermählen.
Am Treffplatz grölt ein Sechserhaufen –
ach Herrje! – die Hexer saufen!
Trotzdem ist Ada noch gekommen
und hat als Schatz den Koch genommen.
Macht er im Kessel Flechsen heiß,
so hilft sie ihm mit Hexenfleiß.
Sein Kuss auf fremde Wange lehrt,
dass dieses Glück nicht lange währt.
Für ihn sind Adas Reize hin,
seit sie des Kessels Heizerin.
Er will nun andren Herzen schmeicheln,
Ada braucht keine Schmerzen heucheln:
Weithin hört man die Hexe plärren,
sie lässt zurück perplexe Herren,
die sie durch ihr Gewimmer eint.
Als sie zuhaus noch immer weint
und fürs Gemüt nach Labe ruft,
macht sich genervt der Rabe Luft:
„Bezähme deinen Kummer doch,
er war ja bloß ein dummer Koch!"
Sie seufzt: „Nach solchen Kümmernissen
werd einen Mann ich nimmer küssen!"
Aber der Eid war nur sehr schwach,
bald gibt sie neuem Schwur sehr nach …

Katzengeschichte

Freundlich mahn ich: „Meine Kätzchen,
macht mal heute keine Mätzchen,
lasst's Sofa ohne Tatzenkür,
verschwindet durch die Katzentür!"
Draußen spielt im Taue Krieg'rin
Kunigund, die graue Tig'rin,
verhöhnt ob seiner Schwächen Fränzchen,
ziehend ihn am frechen Schwänzchen.
Dieser, auf den Beinen kaum,
sieht als Rettung keinen Baum,
rollt herum mit Sprinterschwung,
danach ein geschwinder Sprung –
und fort ist er. Zähes Jagen
setzt nun ein, dann jähes Zagen:
Ist da nicht ein Käferbrummer?
Ach Gundel, wärst du bräver, Kummer
kriegtest du dann keinen;
diese Brummsel, die kann deinen
netten Rachen richtig stechen,
so mit diesem Stich sich rächen.
Die Wespe eilt sich wegzufliegen,
um sich an andrem Fleck zu wiegen.

Gundel schleicht zur Mauer leise
(erhofftes Ziel der Lauer: Mäuse)
und auch den Spatz im Laubgerüst
beäugt die Katz mit Raubgelüst,
während unser Fränzchen heut
sich bei Nachbars Hänschen freut,
denn der Bub sagt: „Eine Decke
bring ich dir für deine Ecke."
Drauf formt Fränzchen seinen Ringel
und avanciert zum reinen Single.

Komische Oper

Nichts schätzt der Gustl Beier mehr
als Opern von Giacomo Meyerbeer.
Doch seine Frau sagt: „Hegen sollst
du lieber als wahren Segen Holst!"
Er findet den und Eisler kraus,
spricht laut sich für Fritz Kreisler aus
und stellt noch hin ganz oben Liszt –
für sie da nichts zu loben ist.
Weil er Lust auf Spohr gefühlt,
war das Geschirr nicht vorgespült.
Es liegt der Grund für Krach an beiden,
sie können ihn nicht Bach ankreiden:
Ganz unvermittelt wurde Keil
zwischen ihnen der Kurt Weill
und durch Musik von Britten kam's
zum Bruch ohn' Kitten, Brahms
konnte auch nichts bisher retten,
es gab nun mal den Riss der Betten
und des Tischs. In Nöten flach
liegt Gustl da, kein Flöten nach
der Gattin hilft, denn Hindemith
ist derzeit für Jasminde Hit.

Übend jedes Tones Lage
hofft sie auf des Lohnes Tage,
will weder Bett noch Tischen frönen,
sie sehnt sich sehr nach frischen Tönen
und hat zwei junge Herrn am Bändel;
doch mäkle der aus Bern am Händel
und stets nur zu Larghetten neig' er –
sie zieht ihm vor den netten Geiger.

Nixenmärchen

Oft poliert die Wassernixe
ihr Schuppenkleid mit nasser Wichse.
Gern tut sie es an Teiches Rand,
geschmückt mit ihres Reiches Tand:
im Haare gelbe Mummeln hängen,
zwischen die sich Hummeln mengen.
Nach des Krebses Zang' gebückt,
sieht's ein Fischer, bang entzückt.
Als näher er geschwind gekommen,
ist fort das schöne Kind geschwommen.
Weil Amor so sein Herz gestohlen,
sitzt er nun auf dem Sterz verhohlen
in des kleinen Diebes Lichtung
und versinkt in Liebesdichtung.
Der Wind die Worte flink verweht,
durch die er einen Wink erfleht
von der holden Nixenmaid.
Nachtgespenster mixen Neid
ins Gedicht: sein lachend Flüstern
wirkt – dadurch verflachend – lüstern,
so dass auf dem Rasen Nymphen
beim Tanze ihre Nasen rümpfen.

Doch weil der Fischer wild verbessert,
wird trotzdem nicht sein Bild verwässert
und nicht versteckt in fixen Nischen –
er hat Erfolg beim Nixen-Fischen!
Sie verlässt den kleinen See
und kommt zu ihm in seinen Klee.
Mit Wonneschauern Härchen melden,
dass er wird hier zum Märchenhelden.

Werbespruch für Kaub am Rhein:

Es kümmern sich die Kauber seit
Jahrhunderten um Sauberkeit.

Europareise

Weil ich verärgert Leut' in München,
will mich dort die Meute lynchen.
Drum muss ich rasch nach Posen hetzen,
zumal mich meine Hosen petzen,
und bei einer Clique Schneider
kauf ich lauter schnieke[1)] Kleider.
Die Herren von der Roben-Liga
empfehlen mir und loben Riga.
Im Zug treff ich auf Letten, Balten,
die irgendwas von Betten lallten …
Lieber hör ich Schweizer reden,
schätze auch den Reiz der Schweden,
und im neuen, flotten Shirt
mach ich mit jungen Schotten Flirt.
In Rigas Hafen: schwanke Kräne,
leider auch viel kranke Schwäne.
Danach weil' ich zwar in Danzig,
aber weil mich darin zwanzig
öde Stunden sehr ermüden,
möcht ich wieder mehr gen Süden.
Erst fütt're ich in Kiel die Spatzen,
beobacht auch beim Spiel die Katzen,

ersteh am Rheine Bonner Decken
und in Bern ein Donnerbecken.
Dann lern ich auf der Weiterreise
eine heitre Reiterweise,
welche für mich küren Damen,
die ihrerseits aus Düren kamen.
Doch die schönsten Lieder nannten
Mädchen aus den Niederlanden.
Zum Danke zeig ich diesen Rom
nebst Sankt Peters Riesendom,
besuch auch mit dem Pudel Nizza
und probier mal Nudel-Pizza.
Davon wird mir richtig schlecht.
Einen Streit noch schlicht ich recht
und fahr gleich vom Pier nach Hause,
denn mir ist nun hier nach Pause.

[1] berlinerisch für „schick"

Nasobem-Verwandte

Hommage an C.M.

Es dämmert, und die Ningel rattern,
da gehn auf Jagd die Ringelnattern.
Zum Mäuslein sagt die Meise: „Raus
aus dem Nest, werd Reisemaus!"
Der Wiede- und der Knosenhopf,
die zanken um 'nen Hosenknopf,
wo sich verbirgt ein Stirbelwurm.
Ganz plötzlich kommt ein Wirbelsturm
und reißt hinweg den Hosenknopf
samt Wiede- und auch Knosenhopf.
Ja, selbst der arme Stirbelwurm
wird weggeweht vom Wirbelsturm
und landet in dem kecken Schnauz
von dem verdutzten Schneckenkauz,
der Ausschau hält nach Ringelnattern,
indes noch immer Ningel rattern.
Es kehret heim die Reisemaus,
wirft aus ihr'm Nest die Meise raus –
und beide frisst der Schneckenkauz.
Zuletzt putzt er den kecken Schnauz.

Anmerkungen:

Die kleine Szene spielt in Nordost-Europa.
- Ningel = dort üblicher Ausdruck für Stare
- Knosenhopf = Albinovariante des Wiedehopfs
- Stirbelwurm = landlebende Unterart der Strudelwürmer
- Schneckenkauz = entfernter Verwandter des Wespenbussards

Menu-Vorschlag:

Gang Eins ist eine heiße Nummer:
delikater Neiße-Hummer!
Sodann kredenzt man schwarzen Wein
zum Filet vom Warzenschwein,
geschmort in einer Kasserole
mit Blättern von 'nem Rassekohle.
Aus Afrika vom Scherenbaum
gibt es zuletzt noch Beerenschaum.

Liebesbrief an eine Stripperin

Verehrte Lou! Sie füllen Hallen
dadurch, dass Ihre Hüllen fallen.
Wollt mich zu Ihren Füßen setzen,
auffangen diese süßen Fetzen,
indes die Massen heftig kreischen
und Wiederholung kräftig heischen.
Stattdessen tut mir's Herze stocken,
ich bleibe auf dem Sterze hocken
als wie betäubt. Die weißen Glieder
(vorm innern Aug' sie gleißen wieder),
die rühmen alle Kenner müssen,
möcht ich – wie alle Männer – küssen
und mich an Ihren Busen schmiegen,
Sie her zu mir zum Schmusen biegen.
Nichts könnte Sie vorm Kosen retten,
ich bände Sie durch Rosenketten;
würd gern mit Schätzen Sie belehnen,
muss mich nach Ihrer Liebe sehnen.
Mein Stammplatz ist im besten Range,
wo ich nach Kleiderresten bange.
Doch Sie, ach! mich nur flüchtig sehen,
bemerken nicht mein süchtig Flehen.

Mein Seel' ist schon voll stummer Kerben,
ich werde noch vor Kummer sterben!
Wenn Sie mir Ihren Sinn zuwenden,
plan ich, Geschäftsgewinn zu senden
in Ihre Hand – und wieder fröhlich
wär Ihr ergebner Frieder Wöhlich.

Hans ohne Glück

Aus Kaminen Kohlendampf
um den Kirchturm Dohlenkampf,
wo zwei alte Glocken läuten.
Sonnenstrahlen locken, gleiten
übers Dach mit Tauben geil
hin zu Liesls Gaubenteil.
Sehnsüchtig blickt Hans zum Gäubchen
der Holden,
da sitzt sie allein, tut Häubchen vergolden,
indes er bei wachen Ferkeln
muss an Stallgefachen werkeln.
Prompt beißt eins der fiesen Dinger
justament in diesen Finger,
den Hans neulich sehr verletzt.
Er räumt's Fach ganz leer, versetzt
auch dem Schwein 'nen derben Hieb.
Später wird's zum herben Dieb:
Hans hat mit einem Brette Not,
da klaut es doch das nette Brot,
welches ihm gemacht die Liese.
Der arme Hans nicht lacht; die miese
junge Sau ist längst zum Strand entwichen,

während er die Wand gestrichen.
Hungrig eilt er zum kleinen Haus.
Dort scherzt die Lies' mit Hein und Klaus,
lobt den gefang'nen Wander-Aal,
sagt ihm: „Ich hab jetzt ander' Wahl!"
Ach, dies war einst ein feiner Ort –
traurig geht nun einer fort.

Episode

Seit neustem schreibt der Seppi Oden
über seine Episoden:
Wie er mit Freundin Dita Celle
besuchte und die Zitadelle,
in deren düstren Kasematten
nur in geringem Maßc Chatten
je stationiert … Zum Wattenmeer
– entgegen seiner matten Wehr –
wollt' Dita dann in zähem Wahn.
Er folgte ihr trotz wehem Zahn.
In Hamburgs trister Kranzone
verlor er eine Zahnkrone,
die absprang von 'nem Backenzahn
und ihm entkam in Zackenbahn.
Ein Zahnarzt war der weise Retter,
und – weil schlechtes Reisewetter –
wär Sepp gerne stur gerade
heim ans grüne Ruhrgestade,
doch Dita zog die Lust nach Bremen,
was ihm beinah die Brust tat lähmen.
So ließ er seine Hemden offen,
mocht Bess'rung nicht in Emden hoffen:

er fand zu klein das Friesenmaß
beim Bier und schalt den miesen Fraß.
Als Dita wollt noch Ware haschen
und außerdem die Haare waschen,
war's ihm zu viel, und wessen Art
gesiegt, ganz klar in Essen ward:
Sie musst sich abgewöhnen Schonung
und raus aus seiner schönen Wohnung.
Die Liebe ohne Dauergeschichte
vermarktet Sepp nun als Schauergedichte.

Vom Ritter, der keiner werden will

(Väterliche Scheltrede)

Wenn dich weder Schwert noch Schild
oder Fechten schert, so schwillt
mir der Kamm! Nur studieren
und in Schriften willst du stieren.
Ein Ritter soll tun der Sachen drei:
die erste Kampf mit Drachen sei;
dann Land von Gesindel säubern und raufen,
drittens selber räubern und saufen.
So hielten es immer meine Ahnen.
Auch will ich noch das eine mahnen:
Nie tätschelst du 'ner Magd die Jacken,
treibst dir nicht aus durch Jagd die Macken.
Freilich es den Hirschen passt,
wenn du so das Pirschen hasst!
Dich interessieren nicht Turniere
und außer Büchern auch nur Tiere
andrer Art als Pferd und Hunde.
Spielst Alchimist am Herd, und Pfunde
guten Geldes sind verschwendet.
Der Nachbar schon geschwind versendet

Boten, die nach Fehden jaulen.
Du aber möchtest jeden faulen
Kompromiss mit Druck beschließen,
nur würde dich der Schluck verdrießen,
der nach solchem Handel winkt.
Eins steht fest: dein Wandel hinkt!
Stets sagst du nur den Damen „Nein!"
und machst zuschand den Namen dein,
den meinen auch. Ja, satten Hohn
hör ich gar oft: „Der hat 'n Sohn,
der wär mir nicht zum Knappen recht,
der taugt nicht mal als Rappenknecht.
Nun, vielleicht sucht kläglich Trost er
und findet ein erträglich Kloster!"

Alte Mär, neu erzählt

Missmutig schaut die Wache drein:
Schon wieder kriegt nur der Drache Wein,
der hier vorm Schloss die Lauer macht
und über dessen Mauer lacht.
„Dies Bauwerk mich recht wenig kümmert",
schnaubt er. Der alte König wimmert:
„Weiß denn keiner netten Rat,
wie einer sich zum Retten naht?"
Dies hört ein kluges Ritterlein,
gießt schnell vom Wein sich Liter rein,
eh es zwecks Kampf zum Drachen reist.
Dieser sperrt auf den Rachen dreist,
viel Geifer aus dem Schlund er spuckt,
den Ritter wie 'nen Spund er schluckt.
Statt ihn in Weines Dunst zu käuen,
traut er des Magens Kunst, zu däuen.
Doch in des Untiers Bauch der Ritter
entfesselt einen Rauch sehr bitter,
so dass der Wurm in Krämpfen keucht
und niemals mehr zum Kämpfen kreucht.
Der Held nun wie ein Hund entschlüpft,
rasch aus des Drachens Schlund enthüpft,

und dieser wird, noch kaum verröchelt,
in Schlosses Küchenraum verköchelt.
Sein Fleisch des Königs Mannen speist,
bis ihre Wämser spannen meist.
Der Ritter fordert Drachenlohn,
die satten Kerls mit Lachen droh'n:

Schluss 1:
„Der König hat Emanzentöchter!"
Puh, nicht mal mit denen tanzen möcht er.
Der arme Held, da läuft er sehr,
zuhaus den Keller säuft er leer,
beschließt – und hat nichts einzuwenden –,
die ganze Mär mit Wein zu enden.

Schluss 2:
„Der König hat zwei Mohrentöchter!"
Hei, danken diesen Toren möcht er
und denkt sich: wenn ich beide frei,
so ist da doppelt Freude bei!

Die Leut zur Hochzeit laufen sehr,
des Königs Keller sie saufen leer
und niemand hat was eingewendet,
als so das Fest mit Wein geendet.

Schluss 3:
„Der König hat drei Mohrentöchter!"
Ho, sich zeigen diesen Toren möcht er
und prahlt: „Die sind recht dralle, ei,
ich glaub, ich nehm sie alle drei!"
Doch haben die Damen den Wicht verneint.
Das Ritterlein ist nicht verweint.
Es kriegt als Dank, samt dickem Scheck,
ein Cabrio mit schickem Deck.

Das Weihnachtsgeschenk
(Gespräch im Juwelierladen am 22.12.)

„Aus Topas der braune Frosch
wär für Ihre Frau 'ne Brosch,
die gewiss nicht jede hätt!"
„Lieber mag die Hede Jett[1]."
„Solches zieret diesen Ring."
„Himmel, welch ein Riesending!
Meine Frau ist keine Fette!"
„Oder diese feine Kette
wär was für die Gattin hold."
„Ach, genug die hat in Gold.
Auch muss ich erst mal denken scharf,
für wie viel ich schenken darf …
Da fällt mir ein die Steuer – nein,
im alten Ring ein neuer Stein
muss genügen." „Schade jetzt,
dass gnä' Frau die Jade schätzt …
Nun, preiswert ist fossiles Harz,
noch günstiger der Rosenquarz."
„Dann den. Und wie stets: es eilig habend,
brauch den Ring ich Heiligabend!"

[1] Bitte mit deutschem „J" aussprechen.

Störfall

Statt zum Strand gemeinsam eilen,
möchte Harry einsam Meilen
wandern zwischen herben Dünen,
einstmals Land von derben Hünen.
Wind bläst. Die feinen Sande rinnen.
Harry tut am Rande sinnen.
Grübelnd über frommer Sage,
vergisst er ganz die Sommerfrage
nach dem Wetter – und kühl erschauernd
muss er, wie ein Schüler kauernd,
sich retten jetzt vorm Regenguss,
der (zwar nützlich gegen Ruß)
ihn in allen Lagen nässt
und den Ärger nagen lässt.
Himmel will ihn heiter waschen;
Harry möchte weiter haschen
seines Denkens leichten Faden,
doch die Wolken, feucht geladen,
hindern ihn durch übeln Graus,
löschen alles Grübeln aus.
Nun kann ich voll Erbarmen wetten,
dass er flieht heim zu warmen Betten!

Gut davongekommen

Vetter Karl, hübsch und heiter gelockt,
hat kürzlich auf der Leiter gehockt,
weil's ihm bei der Deckenleuchte
irgendwie zu lecken deuchte.
Wollt 'ne Isolierschicht nützen,
tat dabei sich selbst nicht schützen;
dacht plötzlich an 'nen Rohrdefekt,
hat sich dabei weit vorgereckt
und bei der Arbeit keck gewippt.
Da ist die Leiter weggekippt
und in der Bücher Bretterfach
unverseh'ns mein Vetter brach.
Vieles ging zu Bruch hiebei
und es ward ein Buch wie Brei,
welches pries der Weine Kunde –
Karl erlitt fast keine Wunde.

Bockskampf

Im Dorf ward jüngst ein Schock geborn:
Der Bäcker hat Schneiders Bock geschorn,
doch mit Gemecker beißt der
nach der Hand vom Bäckermeister.
Der Lärm tut bis zur Fähre schallen,
der Bäcker lässt die Schere fallen.
Los hat sich nun der Bock gerissen,
rasch in des Feindes Rock gebissen,
dann – bei einer losen Hatz –
schnappt er nach Bäckers Hosenlatz.
„Willst du mich schon wieder nerven?
Wart, ich werd dich niederwerfen!"
schreit der, und mit seiner Seite Wucht
rammt er den Bock, der's Weite sucht.
Als Mutter mich nach Fladen schickt,
die Bäckersfrau den Schaden flickt.
Ihre Stirn ist scheel gefaltet,
ihr Denken scheint mir fehlgeschaltet.
„Der Bock", klagt sie, „ist schon verlorn –
ach, hätt er ihn um Lohn geschorn!"
Der Schneider will gar Rache schwörn,
halt eben so, wie Schwache röhrn,

hat nur der Zunge Schwert gewetzt
und dabei nichts von Wert geschwätzt:
der Bäcker sei sein frischer Feind
und er nun mit dem Fischer Freund.
Fünf Tag' der Bock am Hange lungert,
wo er vermutlich lange hungert.
Dann ist er endlich heimgekehrt,
was gleich der Feindschaft Keim verheert.

Umzug

Die bestellten Möbelpacker
sind wahrlich keine Pöbelmacker.
Niemals bei den Gestellen sehn
wir müßig die Gesellen stehn.
Vom Speicher bringt einer das Mofa sacht,
der andre Platz fürs Sofa macht,
zudem entfernt er den Rattenschiss
von Opas altem Schattenriss;
dann tragen sie sorgsam Bänke, Schreine,
achten auf der Schränke Beine
und mit der neuen Klammer H4
befestigen sie das Hammerklavier,
verstau'n mit klugen Finten Tische
und das Glas der Tintenfische,
tragen ein in Listen Kasten,
mühn sich ab mit Kistenlasten.
In Etappen schlepp ich
hinterher den schlappen Teppich.
Endlich ist die Wohnung leer,
Pause jetzt Belohnung wär.
Müd in die Händ' ich Wangen leg
und fürcht mich vor dem langen Weg,

der uns nun führt zum neuen Haus.
dort ruhen wir erst einmal aus.

Wenn der Dentist an Kronen baut,
so kaut er dabei Bohnenkraut.

Kammerjagd

Herr Meier, nun, der hatte geröhrt,
er habe im Haus 'ne Ratte gehört.
Dann hatte Frau Müller die Ratt' gesichtet
und davon allen satt berichtet.
Der Hausherr ließ zehn Fallen ordern
und Geld dafür von allen fordern,
nur dass nicht ein solch fieses Ding
jenes oder dieses fing,
bis mein Kater, ja, mein Kläuschen,
ankam mit 'nem ganz klein Mäuschen …

Was tut die Welt? Klammern und jagen
am und nach Geld mit Jammern und Klagen.

Happy End

Neulich in der Meisterklasse
vermanschte Jan die Kleistermasse.
Als Lili rief, es fehle Ton,
schmiss er nach ihr das Telefon,
dann spielte er den Kumpel-Rammer
und stieß Ulf in die Rumpelkammer.
Das ging keine Weile gut,
denn in Ulf quoll geile Wut:
er griff Jan, welcher stockbesoffen
wühlte mit der Sock' in Stoffen,
und – während dieser kalte Lümmel
unverdrossen lallte: „Kümmel!" –
warf er ihn mit fester Hand
ins Freie, wo ihn Hester fand.
Jan wollt grad einer Kiste trotzen
und musst daneben triste kotzen.
Sie duschte ihn durch kalten Guss,
und späterhin vergalt ein Kuss
ihr diese Tat. Erst nickte schüchtern
Jan ihr zu, drauf schickte nüchtern
er einen goldnen Fingerring.
Und Hester so Jan Ringer fing.

Ende gut, alles gut

Der arme Otto, alt, verwirrt,
hat neulich sich im Wald verirrt.
Als im Gebüsch 'ne Füchsin bellte,
der Förster mit der Büchs' ihn fällte.
's ging, trotz dem Fall, dem harten, gut:
die Kugel traf den Gartenhut.
Doch war der Otto stark verschreckt
und seine Kleidung arg verdreckt,
auch war die Haut am Bein zerschunden,
es wurd nicht nur zum Schein verbunden.
In frischem Zeug dann Otto saß,
mit Försters ein Risotto aß,
und langsam ist der Schreck gewichen,
hat sich allmählich weggeschlichen.
Im Forsthaus man seitdem ein Motto ehrt:
tun, was das Wohl von Otto mehrt,
zum Beispiel kriegt Sohn Hans vergütet,
wenn Ottos Weg er ganz behütet.
Wir hoffen, dass diese heile Welt
noch eine gute Weile hält.

Verzeichnis der Titel alphabetisch geordnet

Verzeichnis der Gedichtsanfänge